ALLES ÜBER KANINCHEN FÜR KINDER

VOLLER FAKTEN, FOTOS UND SPASS, UM WIRKLICH ALLES ÜBER KANINCHEN ZU LERNEN

NANU KAKADU

DIESES BUCH GEHÖRT

_____

_____

INHALT

Eine Einführung zu Kaninchen 1
Was ist ein Kaninchen? 5
Verschiedene Kaninchenarten 11
Die Geschichte der Kaninchen 37
Wo leben Kaninchen? 45
Interessante Eigenschaften und das Aussehen von Kaninchen 51
Eine Sammlung von lustigen Fakten über Kaninchen 61
Kaninchen als Haustiere 65
Vielen Dank fürs Lesen! 75

Quellen 80

EINE EINFÜHRUNG ZU KANINCHEN

Es besteht kein Zweifel: Von allen (Haus-)Tieren auf der Welt gehören die Kaninchen definitiv mit zu den beliebtesten. *Denn was an ihnen könnte man nicht liebenswert finden?*

Mit ihren flauschigen Popos, pelzigen Ohren und niedlichen kleinen Stupsnasen ziehen sie einfach jeden in ihren Bann. Sie sind sogar so beliebt, dass sie seit jeher in Kindergeschichten, Filmen und Zeichentrickserien zu sehen sind: Vom geheimnisvollen Osterhasen über den schelmischen Bugs Bunny bis hin zu Disney's Roger Rabbit höchstpersönlich.

Wenn du Kaninchen genauso liebst wie wir, können wir davon ausgehen, dass du alles über sie erfahren möchtest, richtig?

Möchtest du wissen, wo Kaninchen am *allerliebsten* leben, was sie fressen, wie sie sich im Laufe der Zeit entwickelt haben und wie man sich richtig um sie kümmert?

Worauf wartest du dann noch?

Hoppel an Bord und lass sie uns besser kennenlernen!

WAS IST EIN KANINCHEN?

Kaninchen sind Teil der Tierfamilie der **Leporidae**, zu der sowohl Kaninchen als auch Hasen gehören. Du dachtest vielleicht, dass Kaninchen und Hasen so ziemlich das Gleiche sind, weil sie sich so ähnlich sehen… Aber mit dieser Annahme hoppelst du auf dem Holzweg.

In Wirklichkeit handelt es sich bei Kaninchen und Hasen um unterschiedliche Tierarten, die jedoch zur selben Familie gehören. Ähnlich wie zum Beispiel Hunde und Füchse zur gleichen Tierfamilie (Canidae) gehören, aber unterschiedliche Arten sind. Man könnte Kaninchen und Hasen also eher als entfernte Cousins und weniger als Geschwister betrachten.

Der wichtigste Unterschied zwischen Kaninchen und Hasen liegt in ihrer Persönlichkeit. Während Kaninchen meist ruhig, freundlich und sogar verschmust sind, lieben Hasen ihre Unabhängigkeit und können sehr sprunghaft sein.

Aus diesem Grund wurden Kaninchen **domestiziert**, was bedeutet, dass sie gelernt haben, mit dem Menschen zusammenzuleben. Hasen leben hingegen lieber und besser in freier Wildbahn.

Es gibt etwa **50 verschiedene Kaninchenarten** auf der Welt und damit wahrscheinlich mehr, als du gedacht hättest. Das Kaninchen ist eines der **anpassungsfähigsten** Tiere, die wir kennen. Es kann also an allen möglichen Orten leben, ganz egal wie kalt, heiß, trocken oder nass es ist.

Tatsächlich sind Kaninchen mittlerweile in *fast* allen Ländern unseres Kontinents heimisch und ihre Fähigkeit sich anzupassen, hat dazu geführt, dass ihre Gesamtzahl auf der Erde mittlerweile schwindelerregend hoch ist.

So gehen Forscher derzeit davon aus, dass auf der Welt etwa 710 Millionen Kaninchen leben!

DAS ist doch mal verrückt!

Kaninchen sind in der Regel kleine bis mittelgroße Tiere. Mitunter können sie so groß wie gewöhnliche Hauskatzen und einige riesige Rassen sogar so groß wie Hunde werden! Im Verlaufe dieses Buches werden wir ein paar der spannendsten Kaninchenrassen kennenlernen.

Kaninchen sind **Säugetiere**. Sie haben also ein Fell – in diesem Fall sogar ein sehr flauschiges – und bringen lebende Babys zur Welt, die sich von der Milch ihrer Mutter ernähren. Wenn du jetzt denkst, dass Kaninchen, Hunde, Katzen und Menschen scheinbar ein paar Dinge gemeinsam haben... **mögest du recht haben!**

Genau, denn wir sind auch ALLE Säugetiere!

FUN FACT: Säugetiere bringen in der Regel lebende Junge zur Welt und legen keine Eier. Aber wusstest du, dass es doch Ausnahmen gibt? Ja, tatsächlich sind es sogar zwei! Nämlich der Ameisenigel und das Schnabeltier!

Wie zuvor bereits erwähnt, können Kaninchen sich **rasend schnell vermehren**, also sehr viele Babys in sehr kurzer Zeit bekommen.

Möchtest du eine interessante Geschichte dazu hören?

Wildkaninchen wurden erstmals 1859 in Australien angesiedelt (das ist über 160 Jahre her!). Die ursprüngliche Gruppe bestand aus gerade einmal 24 Kaninchen. Diese Gruppe vermehrte sich jedoch soooo schnell, dass die Kaninchenkolonie nur sechs Jahre später zweihunderttausend – in Zahlen sieht das so aus 200.000 – Tiere zählte. Verrückt, nicht?

Nachdem wir die Kaninchen nun schon ein wenig kennengelernt haben, wollen wir über einige der beliebtesten Arten sprechen!

WIE NENNT MAN EIN GLÜCKLICHES KANINCHEN?

EINEN HOPP-TIMISTEN!

VERSCHIEDENE KANINCHENARTEN

Kennt man ein Kaninchen, kennt man sie alle, oder? Nicht ganz! Du wirst staunen, wie unterschiedlich Kaninchen auf der ganzen Welt sein können.

Aus Platzgründen können wir hier leider nicht auf alle Kaninchenarten eingehen, aber wir haben uns einige der bekanntesten und interessantesten herausgepickt.

DAS AMERIKANISCHE KANINCHEN

Das Amerikanische Kaninchen ist eine der bekanntesten Kaninchenrassen der Welt und gilt mit seinem schneeweißen Fell und einem sehr liebenswerten Charakter als *„klassisches"* Kaninchen. Das Interessante am Amerikanischen Kaninchen ist, dass es ursprünglich aus Europa stammt.

Das Amerikanische Kaninchen ist seit 1917 eine offiziell anerkannte Rasse. Was viele Menschen aber nicht wissen, ist, dass das Amerikanische Kaninchen zunächst eigentlich blau/grau war, ohne jegliche weiße Flecken. Dann begannen Züchter, diese blauen Kaninchen mit **seltenen weißen Albino-Kaninchen** zu kreuzen. Das waren Kaninchen, denen die Farbe völlig fehlte, sodass ihre Haut und ihre Augen rosa und ihr Fell weiß waren. Aus dieser Mischung entstand das weiße Amerikanische Kaninchen, wie wir es heute kennen.

Eigentlich hieß diese Kaninchenrasse einmal Deutsches Blaues Wiener Kaninchen, aber weil es einen großen Krieg zwischen Deutschland und Amerika (den Ersten Weltkrieg) gab, welchen die Amerikaner gewannen, wurde der Name in Amerikanisches Kaninchen geändert.

Amerikanische Kaninchen wurden in den USA viele Jahre lang wegen ihres Fells und Fleisches gezüchtet und gehalten. Dann gab es neue Rassen, die ein noch schöneres Fell und noch besseres Fleisch für den menschlichen Bedarf boten, sodass das Amerikanische Kaninchen weitestgehend ignoriert wurde. Mit dem Ergebnis, dass der Bestand der Rasse so schnell zurückging, dass dieser plötzlich vom Aussterben bedroht war.

Glücklicherweise wurden vor etwa 20 Jahren Schutzprojekte ins Leben gerufen, um diese ganz besondere Art zu erhalten. In den letzten 10 Jahren hat die Beliebtheit des Amerikanischen Kaninchens zudem wieder an Fahrt aufgenommen, sodass es heute wieder mehr von ihnen gibt.

Das Amerikanische Kaninchen wiegt in etwa 5 Kilogramm, wobei die Weibchen etwas größer als die Männchen sind. Es hat eine halb gewölbte Körperform und gilt unter den „normal großen Kaninchen" als eines der größten.

FUN FACT: Kaninchen gibt es auf allen Kontinenten, außer in der Antarktis!

DAS FLÄMISCHE RIESENKANINCHEN

Wie du anhand des Namens vielleicht schon erraten hast, ist das Flämische Riesenkaninchen tatsächlich **riesig**. Es handelt sich dabei nicht nur um die größte Kaninchenrasse der Welt, sondern auch um eine der ältesten.

Der Verband der Flämischen Riesenkaninchen wurde ursprünglich 1915 gegründet und ist damit vielleicht die älteste bekannte eingetragene Kaninchenrasse.

Der Flämische Riese kann ausgewachsen bis zu 9 Kilogramm auf die Waage bringen und bis zu 80 cm lang werden. Es gibt ihn in sieben verschiedenen Farben und er ist dafür bekannt, dass er sich trotz seiner Größe hervorragend als Haustier eignet.

Ursprünglich wurden die Flämischen Riesenkaninchen, wie alle domestizierten Kaninchen, speziell für ihr Fell und Fleisch gezüchtet. Es stellte sich jedoch bald heraus, dass sie einen sehr sanften Charakter hatten, sodass die Menschen begannen, sie als Haustiere zu halten. *Und war das nicht eine großartige Entscheidung?*

Wie nahezu alle domestizierten Kaninchen ist auch das Flämische Kaninchen lieb und gutmütig. Allerdings ist es wichtig zu wissen, dass alle Kaninchen beißen können, wenn sie grob behandelt werden.

FUN FACT: Diese Rasse hatte ihren Ursprung im 16. Jahrhundert in der nördlichen Region Belgiens namens Flandern. Die Einwohner Flanderns sprechen Flämisch, worauf der Name dieser Rasse zurückzuführen ist. Die meisten Historiker sind sich darüber einig, dass es Seeleute waren, die das Flämische Riesenkaninchen um 1890 in die Vereinigten Staaten hinüberbrachten.

DAS ZWERGKANINCHEN

Nachdem wir nun vieles über die größte Kaninchenrasse der Welt wissen, wollen wir über die kleinste sprechen. *Begrüßen wir also das Zwergkaninchen.*

Das Zwergkaninchen ist genauso niedlich wie sein Name. Es ist in den Vereinigten Staaten **heimisch**, was bedeutet, dass es nicht wie der Flämische Riese von Menschen aus anderen Kontinenten angesiedelt wurde. Es ist auch die einzige in den USA heimische Kaninchenart, die ihre eigenen Höhlen gräbt. Die Zwergkaninchen sind nicht nur die kleinsten aller Kaninchen, sondern auch die kleinsten aller *Leporiden* (der Tierfamilie, welcher sie angehören).

Sie sind grau gefärbt, haben kurze Ohren und Hinterbeine und nicht eine einzige Strähne weißes Fell. Das Zwergkaninchen wiegt nur etwa 500 Gramm *(was wirklich winzig ist!)* und misst etwa 27 cm in der Länge. Es kommt hauptsächlich im Nordwesten der USA vor und lebt in der Salbeibusch-Wildnis. Ein weites, offenes Gebiet, das mit dichtem Salbeibusch bedeckt ist, welchen das Zwergkaninchen sowohl als Nahrung als auch als Unterschlupf nutzt.

Die Salbeibüsche sind ein sehr wichtiges Ökosystem in Nordamerika. Sie beherbergen eine Vielzahl von Tieren, darunter Hirsche, Elche, Gabelböcke (eine Antilopenart), viele verschiedene Vogelarten und natürlich wilde Zwergkaninchen!

FUN FACT: Das Zwergkaninchen sieht aus, als könnte es ein tolles Haustier sein, weil es so winzig und niedlich ist, aber in Wirklichkeit ist es eine der wildesten Kaninchenrassen die es gibt. Es wurde nie domestiziert und zieht es vor, sein Leben in der wunderschönen Salbeibusch-

Wildnis zu verbringen. Solltest du also jemals eines von ihnen in freier Wildbahn sehen, bewundere es einfach aus der Ferne und mach ein Foto, falls du es schaffst. Wie bei allen wilden Tieren solltest du dabei jedoch immer einen sicheren Abstand einhalten!

WIDDERKANINCHEN

Oft als Hänge- oder Schlappohren bezeichnet, sind Widderkaninchen eine Art, die sich dadurch auszeichnet, dass ihre Ohren nicht aufrecht stehen, sondern schlaff zu beiden Seiten ihres runden Kopfes herabhängen. Bei größeren Rassen können die Schlappohren dabei sogar bis zum Boden reichen!

Derzeit gibt es etwa 15 verschiedene Arten von Widderkaninchen. Dazu gehören der süße Zwergwidder (eine der kleinsten Rassen), der Mini Lop (der trotz seines Namens etwas größer als der Zwergwidder ist) und der Französische Widder, der so ziemlich das beliebteste Widderkaninchen ist und mit fast 5 Kilo auch das größte!

Jedes Widderkaninchen hat seine ganz speziellen Merkmale. Es gibt sie also in allen möglichen Formen, Größen, Farben sowie mit ganz verschiedenen Persönlichkeiten. Eines haben sie jedoch alle gemeinsam: ihre niedlichen Schlappohren!

FUN FACT: Der Französische Widder ist die am meisten verbreitete Rasse der Hauskaninchen. Er ist groß, gesellig und super süß, obwohl er –

wie alle Widderkaninchen – ganz besondere Pflege benötigt. Die langen Schlappohren können leicht Schmutz vom Boden aufnehmen, der, wenn er nicht entfernt wird, zu Ohrentzündungen führen kann. Autsch! Aufgrund seiner Größe braucht er außerdem viel Auslauf – und das am besten im Freien.

DAS WEISSE HOTOT

Ein sehr spezielles Kaninchen ist das aus Frankreich stammende Weiße Hotot. Es hat nicht bloß einen ausgefallenen Namen, sondern auch ein ausgefallenes Aussehen: Es trägt Augen-Make-up! Zumindest sieht es so aus. Und zwar sind seine großen runden Augen mit einem schwarzen Rand versehen, der es sehr glamourös aussehen lässt. In Kombination mit dem flauschigen weißen Fell kann dieses Kaninchen definitiv mit jedem Hollywood-Superstar mithalten.

Obwohl sie vor vielen Jahren noch wie die Könige und Königinnen unter den Haustieren behandelt wurden, ist ihre Beliebtheit während der letzten Jahrzehnte stetig zurückgegangen. Heutzutage gilt das Weiße Hotot sogar als **gefährdet**, was bedeutet, dass es nicht mehr allzu viele von ihnen auf der Welt gibt. Das liegt unter anderem daran, dass das Weiße Hotot, obwohl recht freundlich, eher ein Einzelgänger ist und lieber allein gelassen werden möchte.

DAS HOLLÄNDERKANINCHEN

Das Holländerkaninchen ist eine der am leichtesten erkennbaren Kaninchenarten, vor allem wegen seiner einzigartigen schwarz-weißen Musterung.

Es hat ein weißes Gesicht und schwarzen Augen und Ohren. Dadurch sieht es fast so aus, als ob es sich für einen Maskenball herausgeputzt hätte! Sein übriges Fell ist ebenfalls halb schwarz, halb weiß.

Auch diese war eine Zeit lang die beliebteste Hauskaninchenart. Doch seit es kleinere Rassen gibt, ist sie bei Familien etwas in Ungnade gefallen.

Das ist schade, denn das Holländerkaninchen hat einen liebenswerten Charakter und ist sehr gut für Menschen geeignet, die zum ersten Mal ein Kaninchen als Haustier haben. Es ist jedoch zu bedenken, dass es sich bei diesen Fellnasen um eine sehr gesellige und lebhafte Kaninchenrasse handelt, die Aufmerksamkeit und viel Zeit zum Spielen braucht, um glücklich zu sein.

DAS LÖWENKOPFKANINCHEN

Das Löwenkopfkaninchen sieht nicht nur zuckersüß, sondern auch wirklich lustig aus, weil sein Fell vor allem am Kopf länger als gewöhnlich ist.

Ja, es schaut tatsächlich etwas wie ein kleiner Löwe aus!

Das aus Belgien stammende Löwenkopfkaninchen ist eine der jüngsten Kaninchenrassen der Welt. Es ist ziemlich klein und wiegt normalerweise nur etwas mehr als einen Kilo. Allerdings ist es mit seinem flauschigen Köpfchen trotz seiner kleinen Statur kaum zu übersehen. Aufgrund seiner charmanten Persönlichkeit und seines Aussehens wurde es schnell beliebt.

Es ist sehr aktiv, verspielt und neugierig und eignet sich hervorragend als Haustier. Aufgrund seines langen Fells muss es allerdings auch oft gebürstet werden.

30 NANU KAKADU

DAS GESCHECKTE RIESENKANINCHEN

Mit einem Kampfgewicht von wahnsinnigen **SEEEECHS Kilo** präsentieren wir dir das Gescheckte Riesenkaninchen!

Mit seinem gefleckten Fell und seiner enormen Größe gehört der Gescheckte Riese zusammen mit dem Flämischen Riesen zu den größten Rassen. Die Rasse wurde vor mehr als 100 Jahren durch die Kreuzung des Flämischen Riesen mit dem Gescheckten Französischen Widder geschaffen. Die beiden Riesen sind also tatsächlich eng miteinander verwandt.

Wir würden es dir nachsehen, wenn du ihn sofort knuddeln wollen würdest, aber mit diesem sanften Riesen müssen wir besonders vorsichtig umgehen. Aufgrund seiner Größe ist der Gescheckte Riese vor allem ein Haustier für Erwachsene: Er ist schwer, groß und kann sich leicht verletzen, wenn er hochgehoben und fallen gelassen wird. Außerdem braucht er viel Platz (sowohl drinnen als auch draußen). Insgesamt ist diese Art sanftmütig, gutmütig und neugierig, dann aber doch nicht ganz so verschmust wie viele andere Hauskaninchenrassen.

Du kannst ein Gescheckets Riesenkaninchen übrigens gut an dem Schmetterlingsmuster auf seiner Nase erkennen.

DAS EUROPÄISCHE WILDKANINCHEN

Das Europäische Wildkaninchen ist die am weitesten verbreitete Kaninchenart der Welt. Man könnte es sogar als die „erste" domestizierte Kaninchenrasse bezeichnen.

In der Kaninchenforschung wird sie als eine Rasse der Alten Welt bezeichnet, da alle domestizierten Kaninchenarten ursprünglich vom Europäischen Wildkaninchen abstammen. Das bedeutet, dass sie zu Beginn alle aus dieser Rasse hervorgingen und erst dann wurden Kaninchen extra mit anderen Merkmalen gezüchtet, um weitere Arten zu schaffen. Von Europa aus haben sich die Kaninchen schließlich über die ganze Welt verteilt.

Das Europäische Kaninchen ist dafür bekannt, dass es sehr komplexe unterirdische Tunnel gräbt, die aus mehreren Gängen bestehen, miteinander verbunden sind und verschiedene Ein- und Ausgänge haben. Auf diese Weise können mehrere Kaninchen (tatsächlich bis zu 12) zusammen in einer dieser *„gebuddelten Kaninchenstädte"* leben.

Die unterirdischen Höhlen können sehr weitläufig sein. Sogar so weitläufig, dass sie im schlimmsten Fall Umweltschäden verursachen können, wenn sie in einem sensiblen Ökosystem entstehen.

Wenn die Populationen Europäischer Kaninchen in einigen Regionen der Welt nicht kontrolliert werden und sich demzufolge rasend schnell vergrößern, werden die Tiere als Schädlinge betrachtet.

Was ein Schädling ist, möchtest du wissen?

Schädlinge sind Tiere (oder auch Pflanzen), die sich in einem Gebiet verbreiten, das nicht ihrem natürlichen Lebensraum entspricht, und die dann Probleme für alle anderen dort ansässigen Lebewesen verursachen. Sie sind keine schlechten Tiere, um ihnen nicht Unrecht zu tun *(denn kein Tier ist schlecht!)*, aber wenn man eine Art in ein neues Gebiet einführt, kann sie dort dem empfindlichen natürlichen Gleichgewicht schaden. In diesem Fall wird das Tier als „Plage" betrachtet. Als Schädling.

FUN FACT: Kaninchen gehören zu den wenigen Tierarten auf der Welt, die entweder als Haustiere, als Zuchttiere (für Fleisch und Fell) oder als Schädlinge betrachtet werden – je nachdem, wo man sich gerade auf der Welt befindet!

Nachdem wir nun ein wenig mehr über die verschiedenen Kaninchenarten und -rassen erfahren haben, die überall auf der Welt angesiedelt sind, ist es an der Zeit, in die Vergangenheit zurückzublicken und mehr über die Geschichte unserer ganz besonderen Freunde zu erfahren.

WELCHER HASE SPRINGT NIE INS WASSER?

DER ANGSTHASE!

DIE GESCHICHTE DER KANINCHEN

WO KOMMEN SIE HER?

Fossilien lassen vermuten, dass sich die Vorfahren der Kaninchen vor etwa 40 Millionen Jahren in Asien entwickelten. Also lange bevor die Kontinente sich trennten und sich in die Form verschoben, wie wir sie heute kennen. Diese damalige Zeit nennt sich heute **Eozän**.

Wissenschaftler gehen davon aus, dass die Kaninchen es bei der Aufspaltung dieses uralten Megakontinents schafften, auf jedem einzelnen der weggebrochenen Kontinentalplatten zu verweilen und sich so auf der ganzen Welt ausbreiten konnten.

Wusstest du, dass das Land Spanien von alten Kaufleuten „Das Land der Kaninchen" genannt wurde? Ja, das ist wirklich wahr und ein weiterer Beweis dafür, dass es in Europa zahlreiche Kaninchen gab. Und, wie wir bereits gelernt haben, stammen alle anderen domestizierten Kaninchen von diesen Wildkaninchen ab.

Aufgrund der schnellen Vermehrung, ihrer anpassungsfähigen Natur und der Tatsache, dass sich Kaninchen in Gebieten ansiedelten, in denen es nicht viele Raubtiere gab, nahm ihre Population in vielen Ländern der Welt rasant zu.

FUN FACT: Als die mächtigen Römer Spanien eroberten, versuchten sie, Kaninchen in Gehegen einzusperren. Aber die schlauen Kaninchen konnten den Römern entkommen, indem sie Tunnel gruben.

WANN HAT DER MENSCH KANINCHEN ERSTMALS DOMESTIZIERT?

Inzwischen wissen wir, dass es unsere flauschigen Fellfreunde bereits seit Millionen von Jahren auf der Erde gibt. Nun fragst du dich vielleicht, wann der Mensch begann, sie als Nutz-

und Haustiere zu halten. Experten sind sich einig, dass wilde Kaninchen vor über 1.500 Jahren erstmals **domestiziert wurden** (also dazu „trainiert" wurden, mit den Menschen zusammenzuleben). Die ersten Menschen, die Wildkaninchen zähmten, waren wahrscheinlich Mönche in Frankreich!

Die Mönche begannen dann auch relativ schnell damit, verschiedene Kaninchenarten zu züchten, um das zu schaffen, was wir heute als verschiedene „Rassen" kennen. Das Ergebnis waren Kaninchen in allen Farben, Formen und Größen. Viele Jahrhunderte lang wurden Kaninchen, ähnlich wie man heute Schafe und Kühe hält, hauptsächlich wegen ihres Fleisches und Fells gezüchtet und gehalten.

Erst in den letzten 200 Jahren haben Menschen auf der ganzen Welt damit begonnen, Kaninchen auch als Haustiere zu halten. Auf Gemälden von vor 500 Jahren wurden Kaninchen allerdings bereits in allen möglichen Farben und Größen abgebildet, was bedeutet, dass die Menschen die Fellnasen offensichtlich schon sehr lange lieb gewonnen hatten.

SIND KANINCHEN MIT EINEM ANDEREN TIER ENG VERWANDT?

Ja, Kaninchen sind eng mit den Nagetieren verwandt. Aber es wird dich vielleicht überraschen, zu hören, dass Kaninchen auch ausgerechnet mit uns Menschen verwandt sind und somit auch mit den Primaten, zu welchen Affen und Menschenaffen zählen.

Die Natur ist manchmal wirklich erstaunlich, findest du nicht auch?

Außerdem sind Kaninchen auch eng mit Spitzmäusen und Riesengleitern verwandt. Riesengleiter sind ganz besondere Flattermakis (die optisch ein bisschen wie riesige Fledermäuse oder Flughunde aussehen), die in Asien leben. *Ist es nicht spannend, dass Kaninchen überall auf der Welt Cousins haben, die ganz anders aussehen als sie selbst?*

Ein Spitzhörnchen, das sich auf einem Ast ausruht.

WAS TRÄGT EIN KANINCHEN AUF DEM KOPF?

LÖFFEL!

WO LEBEN KANINCHEN?

Wir wissen mittlerweile, dass Kaninchen überall auf der Welt leben, richtig? In Asien, Europa, Amerika und Afrika... Sie sind *wirklich überall!* Aber gibt es irgendeinen Ort auf der Erde, an dem es mehr Kaninchen gibt als an anderen, und in welchen Gebieten leben unsere kleinen Freunde am liebsten?

Kaninchen sind ebenso in fast allen Landgebieten der Welt zu finden. Allerdings sind sie im südlichsten Teil Südamerikas, in Madagaskar, auf den Westindischen Inseln und auf den meisten Inseln Südostasiens nicht anzutreffen. Sie sind in vielen Ökosystemen wie Wäldern,

Grasland, Wiesen, Tundra, Feuchtgebieten und sogar in Wüsten zu finden. So anpassungsfähig und vielseitig sind Kaninchen also. *Wahnsinn, oder?*

An dieser Stelle ist es wichtig, darauf hinzuweisen, dass domestizierte Kaninchen nicht annähernd so robust wie Wildkaninchen sind. Da sie gezüchtet wurden, um in Wohnungen zu leben, brauchen Kaninchen als Haustiere ein wenig mehr Schutz – und das nicht nur vor größeren Tieren, sondern auch vor zum Beispiel eisiger Kälte oder brennender Hitze. In freier Wildbahn sind Kaninchen sehr gut in der Lage, ihre Pro-

WO LEBEN KANINCHEN?

Wir wissen mittlerweile, dass Kaninchen überall auf der Welt leben, richtig? In Asien, Europa, Amerika und Afrika... Sie sind *wirklich überall!* Aber gibt es irgendeinen Ort auf der Erde, an dem es mehr Kaninchen gibt als an anderen, und in welchen Gebieten leben unsere kleinen Freunde am liebsten?

Kaninchen sind ebenso in fast allen Landgebieten der Welt zu finden. Allerdings sind sie im südlichsten Teil Südamerikas, in Madagaskar, auf den Westindischen Inseln und auf den meisten Inseln Südostasiens nicht anzutreffen. Sie sind in vielen Ökosystemen wie Wäldern,

Grasland, Wiesen, Tundra, Feuchtgebieten und sogar in Wüsten zu finden. So anpassungsfähig und vielseitig sind Kaninchen also. *Wahnsinn, oder?*

An dieser Stelle ist es wichtig, darauf hinzuweisen, dass domestizierte Kaninchen nicht annähernd so robust wie Wildkaninchen sind. Da sie gezüchtet wurden, um in Wohnungen zu leben, brauchen Kaninchen als Haustiere ein wenig mehr Schutz – und das nicht nur vor größeren Tieren, sondern auch vor zum Beispiel eisiger Kälte oder brennender Hitze. In freier Wildbahn sind Kaninchen sehr gut in der Lage, ihre Probleme selbst zu lösen. Aber als Haustiere sind sie auf uns Menschen angewiesen, dass wir sie gesund und munter halten.

Weißt du übrigens, wie Wildkaninchen in der freien Natur überleben?

Kaninchen bauen ihre eigenen ausgeklügelten Behausungen direkt im Boden. Sie graben Tunnel und Höhlen und flüchten dorthin, wann immer sie eine Gefahr wittern.

Kannst du dir vorstellen, dein eigenes Zuhause unter der Erde zu bauen? Das wäre bestimmt ziemlich cool!

Ein von Kaninchen gegrabener Tunnel dient ihnen nicht nur zum Schlafen, sondern auch zum Nisten. Die Kaninchenmama zieht sich also hierhin zurück, um ihre Jungen ungestört und in einer sicheren Umgebung zur Welt zu bringen.

Von ihren unterirdischen Tunneln aus graben Kaninchen außerdem verschiedene Ausgänge, sodass sie in Notfällen mehrere Fluchtwege haben.

In freier Wildbahn haben Kaninchen viele Fressfeinde, und damit meinen wir nicht nur den Menschen, der sie wegen ihres Felles und Fleisches jagt. Sondern vor allem auch andere Tiere wie Falken, Eulen, Adler, Wölfe, Rotluchse und Füchse. Sie alle haben es auf die Fellnasen abgesehen. Es macht also durchaus Sinn, einen unterirdischen Zufluchtsort zu graben!

WIE NENNT MAN EIN KANINCHEN, DAS INS FITNESSSTUDIO GEHT?

EIN PUMPERNICKEL!

INTERESSANTE EIGENSCHAFTEN UND DAS AUSSEHEN VON KANINCHEN

Die Lebewesen auf unserem Planeten entwickeln sich nach ihren jeweiligen Bedürfnissen weiter, um zu überleben. Die Evolution kann Millionen von Jahre dauern, bis sich wirklich Veränderung zeigt. So wissen wir, wie wichtig bestimmte Körperteile und Funktionen für eine Art sind, damit sie nicht ausstirbt.

Auch Kaninchen sind nicht immun gegen die Evolution. Auch sie haben ihren Körper zum Überleben weiterentwickelt, vor allem in freier Wildbahn. Bist du neugierig, zu erfahren, welche Körperteile Kaninchen benutzen, um ein langes und gesundes Leben zu führen? Wir sind es auch!

Die **Zähne, das Fell, die Ohren und die Beine** eines Kaninchens haben ganz besondere Funktionen. Und bei ihren täglichen Aktivitäten sind sie hauptsächlich auf diese Körperteile angewiesen.

Wusstest du zum Beispiel, dass ihre **Zähne** nie aufhören zu wachsen? Kaninchen haben zwei Paar scharfe Schneidezähne, eines oben und eines unten, die sie zum Nagen verwenden.

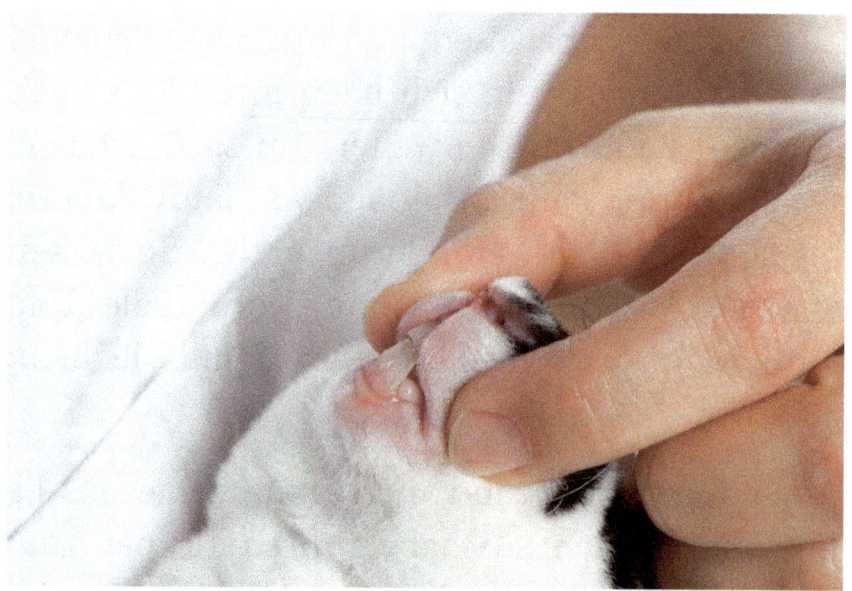

Außerdem haben sie zwei sogenannte Stiftzähne direkt hinter ihren oberen Schneidezähnen. *Kennst du ein weiteres Tier, dessen Zähne nicht aufhören zu wachsen? Wir geben dir eine Minute Bedenkzeit (oder um im Internet nachzuschauen)...*

- **Die Zeit ist um!**

Die Antwort lautet: ein Pferd!

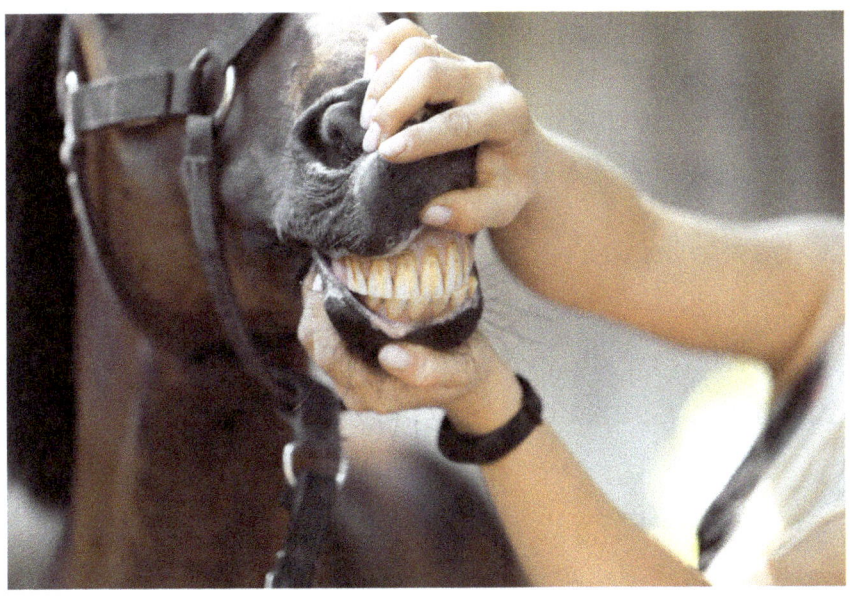

Ja, auch die Zähne eines Pferdes hören nie auf zu wachsen.

Wenn die Zähne deines Kaninchens also mal zu lang geworden sind, solltest du unbedingt deinen Eltern Bescheid geben, damit ihr es zum

Tierarzt zur Kontrolle bringen könnt. Das Fressen könnte deinem kleinen Kumpel nämlich deutlich schwerfallen, wenn seine übergroßen Zähne im Weg sind. In der Regel wetzen Kaninchen ihre Zähne jedoch durch das Nagen an Holz oder das Zerkleinern von Nahrung ab.

Neben den Zähnen hat auch das Fell eine wichtige Funktion für die Kaninchen. Es hilft ihnen, ihre Körpertemperatur zu regulieren. Je wärmer der Lebensraum eines Kaninchens ist, desto dünner sein Fell, und je kälter der Lebensraum, – logisch – desto dicker das Fell!

Kannst du erraten, welche Körperteile den Tieren außerdem bei ihrer Temperaturregulierung helfen? *Das ist schon ein bisschen schwieriger.* Es sind ausgerechnet ihre **Ohren**!

Die Ohren eines Kaninchens sind nicht nur groß und lang, um niedlich auszusehen, sondern auch ziemlich nützlich. Und zwar helfen ihre mit sehr vielen kleinen Blutgefäßen durchzogenen Ohren bei der sogenannten **Thermoregulation**. So dienen sie bei heißen Temperaturen durch eine gute Durchblutung dazu, Wärme abzugeben, damit der Körper des Kaninchens nicht überhitzt. Andersherum werden die Ohren bei Kälte weniger gut durchblutet und sorgen so dafür, dass die Wärme eher im Körper des Kaninchens bleibt.

Interessant ist auch, dass Kaninchen, die in wärmeren Klimazonen leben, größere Ohren haben, weil sie mehr Abkühlung benötigen. Kaninchen, die in kälteren Ländern leben, haben hingegen viel kleinere Ohren.

Kommen wir nun zu den **Beinen und Füßen** von Kaninchen, zwei weiteren phänomenalen Merkmalen dieser faszinierenden Tiere.

Auf den ersten Blick sehen Kaninchen nicht unbedingt so aus, als würden sie besonders schnell laufen können. Aber wer hätte gedacht, dass sie tatsächlich schneller als die meisten Hauskatzen sind?! Die schnellsten Kaninchenarten sind die europäischen sowie die (kalifornischen) Eselhasen, die Geschwindigkeiten zwischen 40 und 70 km pro Stunde erreichen können!

Mit ihren kräftigen Hinterbeinen können sich Kaninchen leicht abstoßen, um rasend schnell davonzuhoppeln. Dies hilft ihnen vor allem dabei, potenziellen Fressfeinden zu entkommen. Ihre Hinterbeine haben vier Zehen, die mit Schwimmhäuten versehen sind. Wenn sie einen Sprung machen, spreizen sich diese.

DER LEBENSZYKLUS VON KANINCHEN

Kaninchen werden im Durchschnitt etwa 8 bis 10 Jahre alt. Das Leben eines Kaninchens wird in fünf Phasen eingeteilt:

- Baby: 0 bis 3 Monate alt
- Jugendlich: 3 bis 6 Monate alt
- Teenager: 6 bis 12 Monate alt
- Erwachsen: von 1 bis 7 Jahren alt
- Senior: ab 7 Jahren alt

Kaninchen haben im Laufe ihres Lebens verschiedene Bedürfnisse. Ihr Drang zu spielen, zu fressen, sich auszuruhen oder zu rennen und sich zu bewegen unterscheidet sich also je nach ihrem Alter.

Sie gelten als Senioren, wenn sie sieben Jahre und älter sind. In diesem Stadium benötigen sie möglicherweise vermehrte Pflege. Bei guter Gesundheit und der richtigen Pflege können sie auch gerne mal über 10 Jahre alt werden.

WIE FÄNGT MAN EIN KANINCHEN?

MAN SETZT SICH HINTERS GEBÜSCH UND MACHT DAS GERÄUSCH EINER KAROTTE NACH!

EINE SAMMLUNG VON LUSTIGEN FAKTEN ÜBER KANINCHEN

Hier sind noch ein paar weitere coole Fakten über Kaninchen, die du bestimmt lieben wirst!

- Hast du schon mal vom Kaninchen oder auch Bunny Binky gehört? Einen Binky nennt man den Haken, den ein Kaninchen in der Luft schlägt, wenn es voller Freude ist. Dabei absolviert es einen Sprung samt Drehung, was wirklich wahnsinnig niedlich ist!
- Ein weibliches Kaninchen bezeichnet man als **Zibbe** (wie bei den Schafen und

Ziegen), während ein männliches Kaninchen **Rammler** genannt wird.
- Die Ohren eines Kaninchens können sich um 360 Grad, also einmal um ihre eigene Achse drehen, mit Ausnahme der Schlappohrkaninchen.
- Kaninchen scheinen zwar sehr brav zu sein, sie können jedoch eine Menge Lärm machen!

- Eine weitere fantastische Tatsache über Kaninchen ist, dass sie so ziemlich alles um sich herum sehen können – Sogar bis zu ihrem Hinterkopf! Das ist vor

allem nützlich, um Raubtiere schon von weitem zu erkennen und schnellstmöglich fliehen zu können.
- Unsere kleinen Freunde sind sehr gesellige Tiere. Deshalb solltest du immer mindestens zwei von ihnen halten, damit sie nicht einsam werden. Ein trauriges und einsames Kaninchen kann man daran erkennen, dass es nicht mehr aktiv ist und sich in eine Ecke kauert.

WOHER WEIß MAN, DASS KAROTTEN GUT FÜR DIE AUGEN SIND?

WEIL MAN NOCH NIE EINEN HASEN MIT BRILLE GESEHEN HAT!

KANINCHEN ALS HAUSTIERE
SIND KANINCHEN TATSÄCHLICH ALS HAUSTIERE GEEIGNET?

Kaninchen eignen sich hervorragend als Haustiere, auch wenn sie, wie *jedes andere Haustier*, viel Liebe und Pflege benötigen. Da der Mensch so viele verschiedene Kaninchenarten speziell für die Heimtierhaltung gezüchtet hat, leben viele Rassen sehr zufrieden drinnen.

Kaninchen sind wahnsinnig niedlich und die besten Zuchtarten sind interessiert, verschmust, freundlich und gutmütig. Sie können neugierig wie Katzen sein, treu wie Hunde und genauso niedlich wie beide Arten zusammen. Kaninchen können einem genauso viel Zuneigung wie andere Haustiere geben.

Völlig egal, wie **GROSS** oder *klein* sie sein mögen – Kaninchen brauchen viel Platz und Auslauf, Sicherheit, gesundes und artgerechtes Futter sowie viel Aufmerksamkeit und Liebe. Wenn du darüber nachdenkst, dir ein Haustier anzuschaffen, solltest du dir darüber im Klaren sein, dass das Überleben und Wohlbefinden deines Tieres von dir abhängig sein wird.

TIPPS FÜR DIE PFLEGE VON KANINCHEN (BONUSKAPITEL!)

Möchtest du wissen, wie man Kaninchen als Haustiere richtig pflegt?

Dann haben wir genau das Richtige!

Anbei haben wir einige hilfreiche Tipps für dich zusammengefasst:

ERNÄHRUNG

Kaninchen sind **Pflanzenfresser**, was bedeutet, dass sie sich von Pflanzen ernähren. Sie fressen hauptsächlich Gras und Blätter, aber auch Blumen, Gemüse und Früchte. Achte darauf, dass sie einen guten Anteil an Heu fressen, denn das ist sehr wichtig für ihre Gesundheit.

Aber sie brauchen auch einen ordentlichen Schwung an grünen Lebensmitteln. Einige ihrer Lieblingssorten sind Grünkohl, Brokkoli, Kopfsalat, Löwenzahn, Rosenkohl, Petersilie und Sellerie.

Füttere sie mit einer ausgewogenen Mischung aus Obst und Gemüse und biete ihnen stets frisches Wasser an, dann sind sie bestens versorgt!

Wusstest du, dass Kaninchen leicht dick werden können? Auch wenn du im Handel zahlreiche Arten verschiedener Pellets für deine kleinen

Freunde kaufen kannst, sollte dieses reichhaltige Futter nicht regelmäßig auf dem Speiseplan stehen.

Ein sehr kurioses Merkmal von Kaninchen ist, dass sie sich nicht übergeben können, wenn sie etwas Unbekömmliches gegessen haben. Auf den ersten Blick mag das eine gute Sache sein, oder? Denn wer wischt schon gerne Erbrochenes weg? Leider bedeutet dies aber auch, dass Kaninchen sehr empfindlich sind, wenn es um ihre Nahrung geht. Deshalb ist es so wichtig, Kaninchen **NUR** mit entsprechendem Futter zu füttern, das gut und gesund für sie ist. Da sie nicht erbrechen können, wenn sie mal etwas Falsches oder Schlechtes essen, können sie leider sehr schnell krank werden.

ALLGEMEINE GESUNDHEIT

Wenn du ein Kaninchen als Haustier bekommst, solltest du es als Erstes einmal zum Tierarzt bringen, damit ein Experte dir genau sagen kann, wie sein Gesundheitszustand ist und was und wie viel dein Kaninchen fressen sollte!

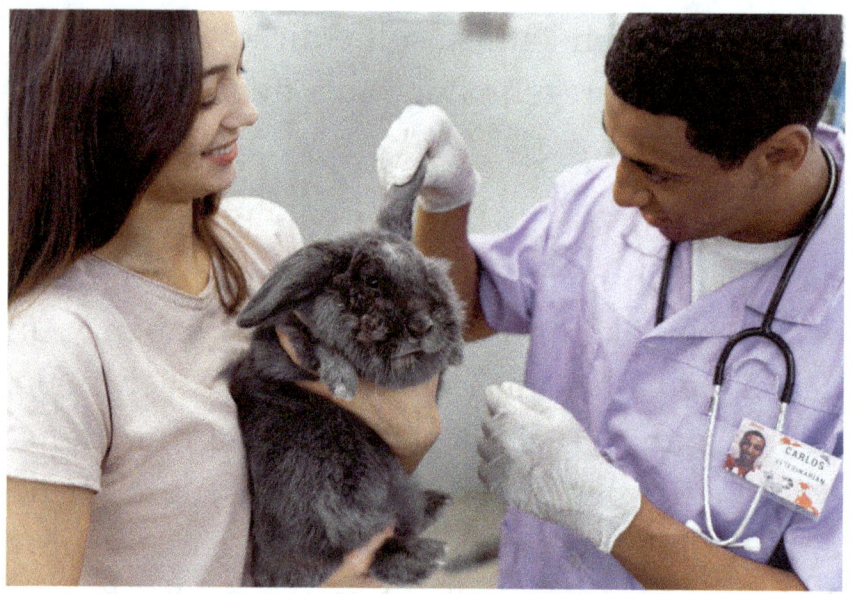

- Sorge dafür, dass stets frisches Wasser für die Tiere zur Verfügung steht. Das ist sehr wichtig!
- Sorge dafür, dass ihr Lebensraum gut belüftet ist und genügend Platz für Bewegung bietet.
- Vergiss nicht, dass Kaninchen auch unbedingt eine Art Versteck oder Ruheplatz brauchen.
- Gehe immer sehr behutsam mit deinem Kaninchen um. Sie sehen zwar robust aus, aber Kaninchen sind in Wirklichkeit sehr empfindliche Tiere.

KASTRATION

Die Kastration deines Kaninchens ist eine Möglichkeit, die du gegebenenfalls in Betracht ziehen solltest. Du fragst dich, was eine Kastration ist? Falls du es noch nicht wusstest: Kastration bedeutet, dass die Fortpflanzungsorgane deines geliebten Tieres entfernt werden, damit sie keine Babys bekommen können. Das hört sich zunächst vielleicht etwas hart an, ist auf lange Sicht aber eher gut für sie. Vor allem, wenn du mehr als ein Kaninchen halten möchtest! Durch eine Kastration wird nicht nur sichergestellt, dass du in ein paar Jahren nicht Hunderte von Kaninchen haben wirst *(ups!)*, sondern diese kann auch verhindern, dass sie aggressiv werden. Alles in allem ist es eine gute Idee, dein Kaninchen im Alter von etwa 6 Monaten kastrieren zu lassen, da es unter falschen Umständen schnell zur Plage werden kann. Und keine Sorge, dein Tierarzt wird dir *(und deinem Kaninchen!)* alles erklären.

Das ist doch gut zu wissen, oder?

Diese sind unsere wichtigsten Tipps, damit dein Kaninchen ein glückliches und gesundes Leben führen kann und du möglichst viel Freude mit deinem kleinen Mitbewohner hast!

ES GIBT EINFACH KEINEN HASEN WIE DICH!

VIELEN DANK FÜRS LESEN!

Kaninchen sind mit die kultigsten Tiere überhaupt, und wir haben es sehr genossen, lustige und wertvolle Fakten über sie mit dir zu teilen! Wir hoffen, dass dir unsere kleine Reise mit ihnen genauso viel Spaß gemacht hat wie uns.

Im Namen aller Kaninchen dieser Welt sagen wir ein herzliches **DANKESCHÖN** dafür, dass du sie so gern hast!

Aber deine Kaninchenreise muss hier natürlich nicht enden!

Warum teilst du nicht alles, was du gelernt hast, mit deinen Freunden und deiner Familie, damit auch sie alles spannende über unsere kleinen Lieblinge erfahren?

Wenn dir dieses Buch gefallen hat, lass es uns bitte wissen, indem du eine Bewertung und eine kurze Rezension dort hinterlässt, wo auch immer du es gekauft hast! Das hilft uns, das Buch an andere Leser weiterzuempfehlen. Vielen Dank für deine Zeit und wir wünschen dir noch einen schönen Tag!

Wir freuen uns schon darauf, mit dir auf die nächste Reise zu gehen, auf der wir all die erstaunlichen Kreaturen kennenlernen, mit denen wir uns die Welt teilen!

VIELEN DANK FÜRS LESEN!

Kaninchen sind mit die kultigsten Tiere überhaupt, und wir haben es sehr genossen, lustige und wertvolle Fakten über sie mit dir zu teilen! Wir hoffen, dass dir unsere kleine Reise mit ihnen genauso viel Spaß gemacht hat wie uns.

Im Namen aller Kaninchen dieser Welt sagen wir ein herzliches **DANKESCHÖN** dafür, dass du sie so gern hast!

Aber deine Kaninchenreise muss hier natürlich nicht enden!

Warum teilst du nicht alles, was du gelernt hast, mit deinen Freunden und deiner Familie, damit auch sie alles spannende über unsere kleinen Lieblinge erfahren?

Wenn dir dieses Buch gefallen hat, lass es uns bitte wissen, indem du eine Bewertung und eine kurze Rezension dort hinterlässt, wo auch immer du es gekauft hast! Das hilft uns, das Buch an andere Leser weiterzuempfehlen. Vielen Dank für deine Zeit und wir wünschen dir noch einen schönen Tag!

Wir freuen uns schon darauf, mit dir auf die nächste Reise zu gehen, auf der wir all die erstaunlichen Kreaturen kennenlernen, mit denen wir uns die Welt teilen!

HAB EINEN FLAUSCHIGEN TAG!

© Copyright 2022 - Alle Rechte vorbehalten von Admore Publishing

ISBN: 978-3-96772-119-5

ISBN: 978-3-96772-120-1

Der in diesem Buch enthaltene Inhalt darf ohne direkte schriftliche Genehmigung des Autors oder Herausgebers nicht reproduziert, vervielfältigt oder übertragen werden.

Unter keinen Umständen wird dem Verlag oder Autor die Schuld oder rechtliche Verantwortung für Schäden, Wiedergutmachung oder finanziellen Verlust aufgrund der in diesem Buch enthaltenen Informationen direkt oder indirekt übertragen.

Rechtliche Hinweise:

Dieses Buch ist urheberrechtlich geschützt und nur für den persönlichen Gebrauch bestimmt. Ohne die Zustimmung des Autors oder Herausgebers können Sie keinen Teil oder Inhalt dieses Buches ändern, verbreiten, verkaufen, verwenden, zitieren oder umschreiben.

Haftungsausschluss:

Bitte beachten Sie, dass die in diesem Dokument enthaltenen Informationen nur zu Bildungs- und Unterhaltungszwecken dienen. Es wurden alle Anstrengungen unternommen, um genaue, aktuelle, zuverlässige und vollständige Informationen zu liefern. Es werden keine Garantien jeglicher Art erklärt oder impliziert.

Die Leser erkennen an, dass der Autor keine rechtlichen, finanziellen, medizinischen oder professionellen Ratschläge erteilt. Der Inhalt dieses Buches stammt aus verschiedenen Quellen. Wenden Sie sich an einen lizenzierten Fachmann, bevor Sie die in diesem Buch beschriebenen Techniken anwenden.

Durch das Lesen dieses Dokuments stimmt der Leser zu, dass der Autor unter keinen Umständen für direkte oder indirekte Verluste verantwortlich ist, die durch die Verwendung der in diesem Dokument enthaltenen Informationen entstehen, einschließlich, aber nicht beschränkt auf Fehler, Auslassungen oder Ungenauigkeiten.

Veröffentlicht von Admore Publishing:

Gotenstraße, Berlin, Germany

www.admorepublishing.com

QUELLEN

- https://www.livescience.com/28162-rabbits.html
- https://www.wonderopolis.org/wonder/what-is-the-difference-between-a-rabbit-and-a-hare
- https://wagwalking.com/breed/top-most-popular-rabbit-breeds
- https://www.goodhousekeeping.com/life/pets/g26950009/best-rabbit-breeds/
- https://www.amnh.org/research/science-news/2006/earliest-rabbit-fossil-found-suggests-modern-mammal-group-emerged-as-dinosaurs-faced-extinction

QUELLEN

- https://www.livescience.com/28162-rabbits.html
- https://www.vetcarepethospital.ca/beginners-guide-to-pet-rabbit-care/
- https://www.oxbowanimalhealth.com/blog/rabbit-life-stages/
- https://www.columbushumane.org/the-wag/2019/2/20/fun-facts-about-rabbits

www.ingramcontent.com/pod-product-compliance
Lightning Source LLC
LaVergne TN
LVHW020140080526
838202LV00048B/3979